Claudia Dohmen

66 Spielideen Geschichte

einfach, kreativ, motivierend

Die Internetadressen, die in diesem Werk angegeben sind, wurden vom Verlag sorgfältig geprüft (Redaktionsschluss November 2019). Da wir auf die externen Seiten weder inhaltliche noch gestalterische Einflussmöglichkeiten haben, können wir nicht garantieren, dass die Inhalte zu einem späteren Zeitpunkt noch dieselben sind wie zum Zeitpunkt der Drucklegung. Der Auer Verlag übernimmt deshalb keine Gewähr für die Aktualität und den Inhalt dieser Internetseiten oder solcher, die mit ihnen verlinkt sind, und schließt jegliche Haftung aus.

Hinweisen an info@auer-verlag.de auf veränderte Inhalte verlinkter Seiten werden wir selbstverständlich nachgehen.

Gedruckt auf umweltbewusst gefertigtem, chlorfrei gebleichtem und alterungsbeständigem Papier.

3. Auflage 2020
Nach den seit 2006 amtlich gültigen Regelungen der Rechtschreibung

Umschlagfoto: Fotolia
Illustrationen: Steffen Jähde
Satz: Fotosatz H. Buck, Kumhausen
Druck und Bindung: Joh. Walch GmbH & Co. KG
ISBN 978-3-403-**07643**-8

www.auer-verlag.de

Inhalt

Vorwort

Spielen macht Spaß – und das nicht nur im Kindesalter ... Warum also nicht auch Spiele für den Geschichtsunterricht nutzen?

Tatsächlich aber wird das Spiel im Schulalltag kaum gewürdigt – das Spielen beschränkt sich oftmals auf die Pausen oder Unterrichtsstunden kurz vor den Sommerferien. In unserer Leistungsgesellschaft scheinen Spielen und Lernen auf den ersten Blick nicht vereinbar. Hinzu kommt, dass durch die straffen Lehrpläne scheinbar keine Zeit für eine spielerische Auseinandersetzung mit Lerninhalten bleibt.
Was aber tun, wenn sich die Begeisterung der Schüler[1] für historische Themen in Grenzen hält? Die Schüler der Unterstufe lassen sich häufig noch für die Ur- und Frühgeschichte, das Leben der Ägypter, Griechen und Römer begeistern, viele Schüler entwickeln aber mit zunehmendem Alter ein wachsendes Desinteresse am Fach Geschichte. Das Spiel kann hier den Unterricht beleben und auflockern und die Schüler so motivieren. Wenngleich der Lernaspekt nicht immer zwingend im Vordergrund steht, so haben die Schüler doch **Spaß am Lernen** – eine entscheidende Voraussetzung **für erfolgreiches und nachhaltiges Lernen**. Und sicher ergibt sich während des Spiels die ein oder andere lustige Situation, die sich vom normalen Schulalltag unterscheidet und den Schülern allein deshalb im Gedächtnis bleibt. Das Spielen bietet so Abwechslung im Schulalltag und **verknüpft Wissen im Gedächtnis mit positiven Erfahrungen**.
Sind die Schüler mit dem Spiel vertraut, erfordert es keinen/kaum zusätzlichen Vorbereitungsaufwand. Oftmals organisieren sich die Schüler im Spiel selbst und der Lehrer kann sich zurücknehmen.

Der vorliegende Band umfasst 66 Spielideen für den Geschichtsunterricht, die in allen Klassen der Sekundarstufe I angewendet werden können. Sie bieten einen spielerischen Zugang zu verschiedenen geschichtlichen Themen und sind größtenteils ohne großen Vorbereitungsaufwand durchführbar. Die Spielideen ergänzen klassische Arbeitsmethoden und helfen, den Geschichtsunterricht **lebendig und abwechslungsreich** zu gestalten. Sie sind durchweg in allen Phasen des Unterrichts einsetzbar, vorwiegend eignen sie sich jedoch als Einstieg oder als abschließende Sicherung oder Wiederholung.

Neben einer zielgerichteten, inhaltlichen Sortierung erleichtern die verwendeten Icons die Auswahl der passenden Spielidee in Bezug auf:

1 Aufgrund der besseren Lesbarkeit ist in diesem Buch mit Schüler auch immer Schülerin gemeint, ebenso verhält es sich mit Lehrer und Lehrerin etc.

Die **Zeitangabe** entspricht einem ungefähren Wert und kann je nach Lerngruppe und Leistungsstand abweichen. Wird ein Spiel zum ersten Mal mit einer Klasse durchgeführt, muss erfahrungsgemäß mehr Zeit eingeplant werden, da sich die Schüler erst mit den Spielregeln vertraut machen müssen.

Werden zur Durchführung des Spiels bestimmte **Materialien oder Medien** benötigt oder müssen **Vorbereitungen** getroffen werden, so ist dies angegeben. Bei der Auswahl der Materialien und Medien wurde auf solche zurückgegriffen, die ohnehin im Klassenraum vorhanden sind oder die ohne großen Aufwand und/oder kostengünstig zu beschaffen sind.

Ich wünsche Ihnen und Ihren Klassen viel Spaß beim Ausprobieren und Spielen im Geschichtsunterricht.

.1 Bilderrätsel

Kl. 5–10

vorbereitete Bilderrätsel (Zentrale Begriffe einer Unterrichtsreihe / eines Themas werden in ihre Wortbestandteile zerlegt und in einzelnen Bildern dargestellt.), oder vorbereitete Fachbegriffe

20 Minuten

Die Schüler erraten bzw. erschließen durch Kombination der einzelnen Bilder den gesuchten Begriff, sie erklären, was er bedeutet, und ordnen ihn thematisch in die Unterrichtsreihe oder historische Epoche ein. Der bildlich dargestellte „Wortschatz" kann laufend um neue Begriffe erweitert und hin und wieder zur Überprüfung des Grundwissens abgefragt werden.
Alternativ zur arbeitsintensiven Vorbereitung der Bilderrätsel können den Schülern auch geeignete Begriffe vorgegeben werden, die sie dann jeweils in Partnerarbeit in einem Bilderrätsel darstellen sollen. Jedes Team bekommt andere Begriffe. Anschließend werden die Begriffe im Plenum erraten.

.2 Wer oder was bin ich?

Kl. 5–10

Post-its

15 Minuten

Die Schüler bilden Vierer- bis Sechsergruppen. Jede Gruppe bildet einen Kreis. Der Lehrer gibt ein Thema vor. Jeder Schüler schreibt einen zu dem vorgegebenen Thema passenden Begriff (z. B. Ereignis, Schauplatz, Fachbegriff) verdeckt auf ein Post-it. Der Zettel wird dann jeweils dem Nachbarn auf die Stirn geklebt, ohne dass dieser den Begriff zu sehen bekommt. Die Schüler müssen nun der Reihe nach erraten, wer oder was sie sind. Um dies herauszufinden, stellen sie ihren Mitschülern Fragen, die so formuliert sein müssen, dass sie nur mit „ja" oder „nein" beantwortet werden können (z. B. „Gehöre ich dem Adelsstand an?"). Beantworten die Mitschüler die Frage mit „ja", darf der Schüler eine weitere Frage stellen. Wird die Frage mit „nein" beantwortet, ist der nächste Schüler an der Reihe. Gewonnen hat, wer als Erster errät, wer oder was er ist.
Vereinfachung: Es kann zu Beginn vorgegeben werden, ob es sich um eine Person, ein Ereignis, einen Schauplatz usw. handelt.

1.3 Pyramide

Kl. 6–1

vorbereitete Begriffspyramiden auf Folie

15 Minuten

Die Klasse wird in zwei Teams geteilt, jedes Team wählt zwei Schüler aus, die das Spiel bestreiten werden. Das Schülerpaar von Team 2 muss zunächst das Klassenzimmer verlassen. Das Schülerpaar von Team 1 sitzt im Klassenzimmer Rücken an Rücken, Schüler 1 blickt auf die Projektion der Folie und Schüler 2 sitzt mit seinem Gesicht zur Klasse. Schüler 1 muss nun seinem Partner die einzelnen Begriffe nacheinander, von unten nach oben, erklären. Hierfür hat er eine Minute Zeit. Er darf weder den Begriff selbst, noch Wortbestandteile nennen. Pro nicht erratenem Begriff gibt es 10 Strafpunkte. Gleiches gilt, wenn der Begriff selbst oder ein Wortbestandteil genannt werden. Anschließend spielen die beiden Schüler von Team 2 auf die gleiche Weise, mit derselben Pyramide. Gewonnen hat das Team, das weniger Strafpunkte erspielt hat.
Für Profis: Die Begriffe in der Pyramide werden so angeordnet, dass die unteren Begriffe einfach und die oberen Begriffe schwer zu beschreiben und zu erraten sind. Für die untersten Begriffe gibt es 10, für die mittleren 20 und für den obersten Begriff 30 Strafpunkte.

1.4 Zwei Reihen

Kl. 5–8

vorbereitete Fragen

10 Minuten

Die Klasse wird in zwei Teams geteilt. Die Teams bilden jeweils eine Reihe, die beiden Reihen stehen nebeneinander. Der Lehrer stellt eine Frage an den jeweils ersten Schüler der beiden Reihen. Der Schüler, der als erster richtig antwortet, darf sich in seiner Reihe hinten anstellen. Der andere Schüler bleibt auf seiner Position und wartet auf die nächste Frage. Wurde die Frage falsch oder gar nicht beantwortet, bleiben die Schüler ebenfalls auf ihrer Position. Gewonnen hat die Reihe, die als erste einen kompletten Durchlauf geschafft hat.

1.5 Wiederholungswürfel

Kl. 5/6

zentrale Begriffe aus der vorangegangenen Stunde/Arbeitsphase, Würfel (Schaumstoffwürfel aus dem Sportunterricht oder herkömmlicher Spielwürfel)

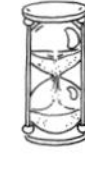

10 Minuten

Der Lehrer schreibt sechs Begriffe an die Tafel und nummeriert diese durch (von 1 bis 6). Der erste Schüler würfelt. Die gewürfelte Augenzahl gibt vor, welchen Begriff der Schüler nun in seinen eigenen Worten erklären muss. Der Lehrer korrigiert die Ausführungen ggf. Der Würfel wird an den nächsten Schüler weitergegeben. Der Schüler würfelt und erklärt den von ihm gewürfelten Begriff, auch wenn dieser zuvor bereits von einem anderen Schüler beschrieben wurde.
Alternativ bilden die Schüler Sechsergruppen. Die Schüler würfeln der Reihe nach und erklären sich die Begriffe gegenseitig. Gewonnen hat der Schüler, der als erster alle Begriffe richtig erklärt hat.
Tipp: Das Spiel eignet sich auch zur Überprüfung der Hausaufgabe. Dazu wird jeder (Teil-)Aufgabe eine Zahl von 1 bis 6 zugeordnet.

1.6 Tafelfußball

Kl. 5–10

vorbereitete Fragen, Tafelmagnet

10 Minuten

Der Lehrer zeichnet ein Fußballfeld an die Tafel. Jede Spielfeldhälfte hat ein Tor sowie etwa vier Linien, die parallel zur Mittellinie verlaufen. Der Magnet wird zu Spielbeginn auf die Mittellinie gelegt. Die Klasse wird in zwei Teams geteilt, die im Wechsel die von dem Lehrer gestellten Fragen beantworten müssen. Hat ein Team die Frage richtig beantwortet, wird der Magnet eine Linie näher an das gegnerische Tor geschoben. Beantwortet die gegnerische Mannschaft ihre Frage ebenfalls korrekt, wird der Magnet wieder in die entgegengesetzte Richtung verschoben. Ziel des Spiels ist es, ein Tor zu schießen.

1.7 Zeichnen und raten

Kl. 7–10

gefaltete Zettel mit Begriffen (Fachbegriff, Person, Ereignis usw.), Folien, Folienstifte, Stoppuhr

15 Minuten

Die Klasse wird in zwei Gruppen geteilt, jede Gruppe bestimmt einen Zeichner (kann im Verlauf des Spiels gewechselt werden). Der Zeichner der Gruppe 1 zieht einen der vorbereiteten Zettel. Er hat nun eine Minute Zeit, den vorgegebenen Begriff am Overheadprojektor / an der Tafel zeichnerisch darzustellen. Er darf dabei weder sprechen, noch Zahlen oder Buchstaben in seiner Zeichnung verwenden. Seine Gruppenmitglieder versuchen, den Begriff zu erraten, ein Schüler aus Gruppe 2 stoppt die Zeit. Wird der Begriff in der vorgegebenen Zeit erraten, erhält die Gruppe einen Punkt. Schafft die Gruppe es nicht, den Begriff zu erraten, erhält die gegnerische Gruppe einen Punkt. Anschließend ist der Zeichner aus Gruppe 2 an der Reihe.

1.8 Detektivspiel

Kl. 5–7

Begriffe und hierzu vorbereitete Hinweise

15 Minuten

Die Klasse wird in zwei Gruppen geteilt. Ziel des Spiels ist es, einen Begriff zu erraten. Der Lehrer gibt hierzu nach und nach Hinweise, die anfangs sehr allgemein formuliert sind, mit der Zeit aber immer konkreter werden. Ein erster Hinweis könnte z. B. lauten: „Es handelt sich um eine Person." Weitere Hinweise könnten sein: „Die Person war zu Lebzeiten sehr bekannt und ist es auch heute noch.", „Die Person war viel mit ihrem Hofstaat unterwegs.", „Die Person wurde am Weihnachtstag des Jahres 800 zum Kaiser gekrönt."
Die Gruppe, die den gesuchten Begriff als Erstes errät, bekommt einen Punkt.

1.9 Geschichte ins Bild setzen

Kl. 5–7

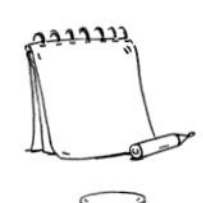

gefaltete Zettel mit Begriffen (Fachbegriff, Ereignis, Person usw.), Folien, Folienstifte

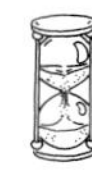

10–15 Minuten

Es werden zwei Schüler ausgewählt. Schüler 1 werden die Augen verbunden. Schüler 2 zieht einen der vorbereiteten Zettel. Aufgabe der beiden Schüler ist es nun, den vorgegebenen Begriff zeichnerisch darzustellen. Der „blinde" Schüler, der den Begriff selbst nicht kennt, hält den Stift, der „sehende" Schüler führt die Hand seines „blinden" Mitschülers. Die beiden Schüler dürfen dabei nicht miteinander sprechen. Das Team zeichnet am Tageslichtprojektor oder an der Tafel. Die Mitschüler versuchen, den Begriff anhand der Zeichnung zu erraten. Alternativ kann das Spiel auch in einzelnen Gruppen durchgeführt werden. Wer am meisten Begriffe errät, hat gewonnen.

.10 Scharade oder Skizze

Kl. 5–8

vorbereitete Begriffskarten, zwei Karteikarten mit den Begriffen „Scharade" und „Skizze"

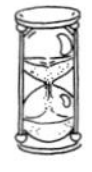

15 Minuten

Ein Schüler wird nach vorne gebeten, der Lehrer zeigt ihm einen Begriff. Anschließend zieht der Schüler eine der beiden Karteikarten, die der Lehrer verdeckt bereithält. Die Karte gibt vor, ob der Schüler den Begriff pantomimisch oder zeichnerisch (an der Tafel) darstellen soll. Die Mitschüler versuchen, den gesuchten Begriff zu erraten. Wer den Begriff erraten hat, darf den nächsten Begriff darstellen.

1.11 Geschichte umschreiben

Kl. 5–1

vorbereitete Begriffskarten (evtl. von den Schülern selbst erstellt), Sanduhr

15 Minuten

Die Klasse wird in zwei Teams geteilt. Aus jedem Team werden zwei Schüler zu Schiedsrichtern ernannt. Sie achten darauf, dass die Spielregeln eingehalten werden. Der Lehrer hält einen Satz Begriffskarten bereit. Auf jeder Karte steht ein geschichtlicher Begriff, der erklärt werden soll. Außerdem gibt es – in Anlehnung an das Gesellschaftsspiel Tabu – fünf Tabubegriffe, die zur Umschreibung des gesuchten Begriffs nicht verwendet werden dürfen. Auch Wortbestandteile des gesuchten Begriffs dürfen nicht verwendet werden. Ein Schüler aus Team 1 zieht eine Karte. Auf das Signal des gegnerischen Schiedsrichters hin, beginnt er mit der Umschreibung des gesuchten Begriffs. Der zweite gegnerische Schiedsrichter achtet darauf, dass die Tabubegriffe bzw. Wortbestandteile des gesuchten Begriffs nicht genannt werden. Erraten die Teammitglieder den Begriff, erhält das Team einen Punkt und der Schüler fährt mit der nächsten Karte fort. Verwendet der Schüler einen Tabubegriff, geht der Punkt an das gegnerische Team. Nach Ablauf der vorgegebenen Zeit (ca. 1 Minute) ist das andere Team an der Reihe. Gewonnen hat das Team, das mehr Punkte erspielt hat.
Alternativ kann das Spiel auch umgekehrt gespielt werden, d. h. ein Spieler liest seinem Team die Tabubegriffe vor und die Teammitglieder müssen den gesuchten Begriff erraten.

.12 Akrostichon

Kl. 5–8

vorbereitete „Sätze“ (Die Anfangsbuchstaben der einzelnen Wörter ergeben einen geschichtlichen Begriff.)

10 Minuten

Der Lehrer liest einen vorbereiteten Satz (bzw. aneinandergereihte Wörter) laut vor. Die Schüler versuchen, die Anfangsbuchstaben der einzelnen Wörter möglichst schnell aneinanderzureihen und so das gesuchte Wort zu entschlüsseln (z. B. „**B**ewachen **u**rig **r**und **G**raben **m**assiv **A**ngreifer **u**nüberwindbar **E**ingang **r**iesig“ = Burgmauer). Wer den Begriff als Erster entschlüsselt hat, bekommt einen Punkt. Das Spiel kann auch umgekehrt gespielt werden: Der Lehrer gibt einen geschichtlichen Begriff vor und die Schüler müssen einen passenden „Satz“ bzw. passende Wörter, die auch thematisch mit dem gesuchten Begriff im Zusammenhang stehen, finden.

.13 Mastermind

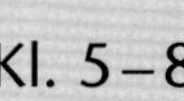

Kl. 5–8

15 Minuten

Der Lehrer schreibt einen geschichtlichen Begriff verschlüsselt an die Tafel, d. h. er bildet jeden Buchstaben des Begriffs mit einem X ab. Die Schüler haben nun die Aufgabe, den Begriff zu entschlüsseln. Hierzu schreibt der erste Schüler seinen Vorschlag unter das verschlüsselte Wort. Der Lehrer markiert nun jeden Buchstaben, der in dem gesuchten Wort enthalten ist, mit einem weißen Punkt. Befindet sich der Buchstabe auch noch an der richtigen Stelle, wird er mit einem roten Punkt markiert. Nun schreibt der nächste Schüler seinen Vorschlag an die Tafel. Der Lehrer „bewertet“ auch diesen Vorschlag mit weißen und roten Punkten. Wer schließlich den gesuchten Begriff entschlüsselt, darf das nächste Wort verschlüsseln.

1.14 Kurzgeschichte

Kl. 5/6

Stoppuhr

10 – 15 Minuten

Der Lehrer schreibt zehn Begriffe zu einem bestimmten geschichtlichen Thema an die Tafel. Die Schüler haben nun die Aufgabe, gemeinsam mit ihrem Partner bzw. in Kleingruppen eine Kurzgeschichte zu erfinden, in der alle Begriffe vorkommen. Hierfür haben sie zehn Minuten Zeit. Anschließend werden die Kurzgeschichten vorgetragen und die originellste Geschichte ausgewählt.
Alternativ können auch zwei Schüler gegeneinander antreten. Schüler 2 muss zunächst das Klassenzimmer verlassen. Schüler 1 muss nun innerhalb einer Minute eine Kurzgeschichte erzählen, in die er möglichst viele der vorgegebenen Begriffe einbauen muss. Die Begriffe werden ihm von seinen Mitschülern zugerufen. Anschließend ist Schüler 2 an der Reihe. Er bekommt die gleichen Begriffe zugerufen. Es gewinnt der Schüler, der innerhalb einer Minute mehr vorgegebene Begriffe in seine Kurzgeschichte eingebaut hat.

1.15 Buchstabensalat

Kl. 5/6

Folie, Folienstift

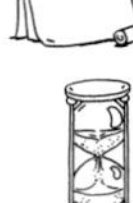

10 Minuten

Der Lehrer schreibt einen geschichtlichen Begriff mit vertauschten Großbuchstaben auf die Folie. Die Schüler versuchen, die Buchstaben möglichst schnell zu ordnen. Wer den Begriff als Erster entschlüsselt hat, darf den nächsten Begriff mit vertauschten Buchstaben auf die Folie schreiben. Wichtig ist, dass der Begriff der gleichen Kategorie angehört (z. B. Personenname, Ereignis, Alltagsgegenstand) und das gleiche Thema behandelt.

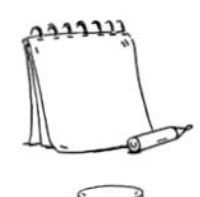

vorbereitete Triminokarten (halbe Klassenstärke)

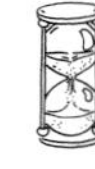

15 Minuten

Das Trimino besteht aus gleichseitigen Dreiecken, die so aneinander gelegt werden müssen, dass eine Jahreszahl jeweils mit einem geschichtlichen Ereignis zusammenpasst. Wichtig ist, dass es dabei auch Begriffe bzw. Zahlen gibt, die keine Zuordnung ermöglichen. Diese Dreiecksseiten bilden dann den Außenrand des Triminos.
Die Schüler gehen paarweise zusammen oder aber die Klasse wird in Kleingruppen geteilt. Dann treten die einzelnen Paare bzw. Kleingruppen gegeneinander an. Das Paar bzw. die Gruppe, das/die das Trimino am schnellsten richtig zusammengesetzt hat, hat gewonnen.

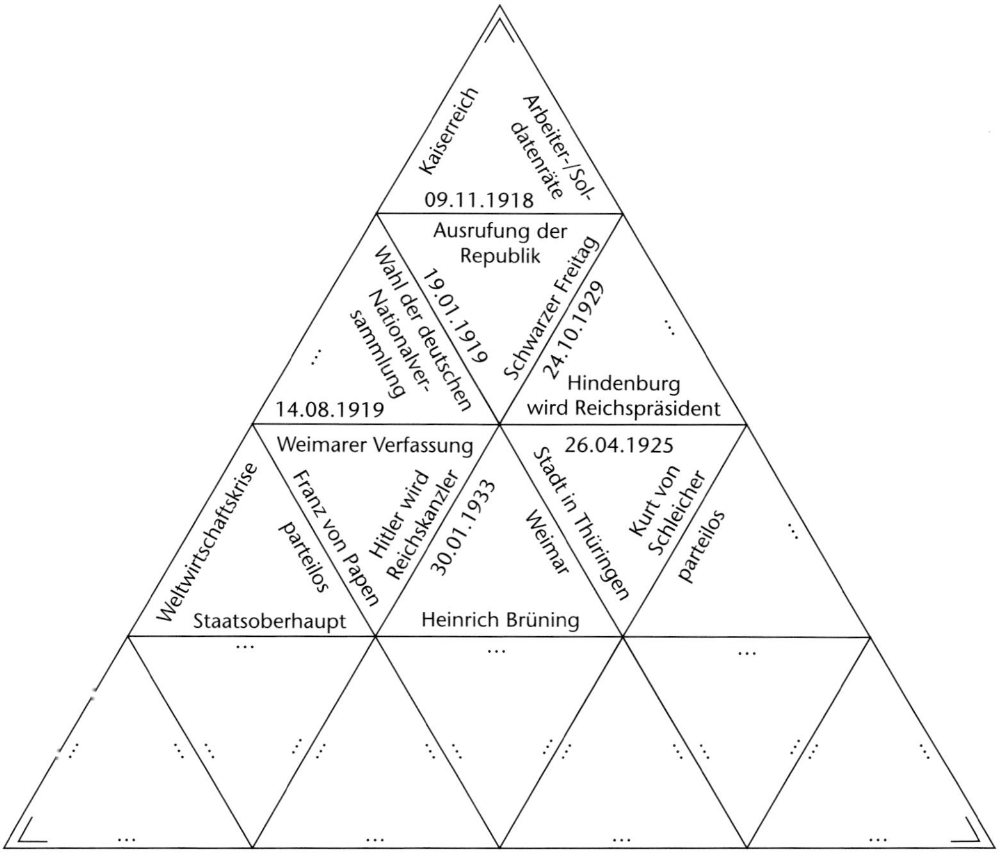

Kaiserreich
Arbeiter-/Soldatenräte
09.11.1918
Ausrufung der Republik
Wahl der deutschen Nationalversammlung
19.01.1919
Schwarzer Freitag
24.10.1929
...
...
14.08.1919
Hindenburg wird Reichspräsident
Weimarer Verfassung
26.04.1925
Weltwirtschaftskrise
Franz von Papen parteilos
Hitler wird Reichskanzler
30.01.1933
Stadt in Thüringen Weimar
Kurt von Schleicher parteilos
...
Staatsoberhaupt
Heinrich Brüning
... ...
... ...
... ...

1.17 Begriffsbingo

Kl. 5–7

 pro Schüler ein Bingo-Spielplan mit neun Feldern

 15 Minuten

Zentrale Begriffe eines Themas werden an der Tafel gesammelt. Jeder Schüler wählt neun dieser Begriffe aus und schreibt diese in seinen Bingo-Spielplan. Dann ruft der Lehrer die an der Tafel gesammelten Begriffe in beliebiger Reihenfolge auf. Die Schüler, die den jeweils genannten Begriff auf ihrem Spielplan notiert haben, streichen diesen durch. Gleichzeitig wird der Begriff an der Tafel durchgestrichen. Hat ein Schüler auf seinem Spielplan alle Begriffe durchgestrichen (oder alternativ: drei Wörter waagerecht/senkrecht/diagonal), ruft er laut „Bingo". Er hat das Spiel gewonnen.

1.18 Wortfeldkette

Kl. 5–8

15 Minuten

Die Wortfeldkette eignet sich gut für ein Brainstorming zu Beginn einer Unterrichtsreihe oder als abschließende Sicherung.
Es wird zunächst ein Thema bzw. ein Wortfeld festgelegt, z. B. „Mittelalter". Die Schüler stellen sich hin (sie bilden einen Kreis oder stehen an ihrem Platz). Der Lehrer nennt nun einen beliebigen Begriff, den er mit dem Thema verbindet, z. B. „Burg". Als nächstes muss nun ein Begriff gefunden werden, der mit dem Endbuchstaben des zuletzt genannten Wortes („g") beginnt, z. B. „Grundherrschaft". Die Schüler, die einen passenden Begriff gefunden haben, melden sich. Der Lehrer wählt einen Schüler aus, der nun seinen Begriff nennen und den nächsten Schüler auswählen darf. Die Schüler, die einen passenden Begriff genannt haben, dürfen sich jeweils setzen. Jeder Begriff darf nur einmal genannt werden.

1.19 Wer wird Geschichtskönig?

 leere Karteikarten, vorbereitete Frage / Antwort-Karten

 5 Minuten

Das Spiel eignet sich zur Wiederholung und Festigung wesentlicher Inhalte des Geschichtsunterrichts und kann auch gut als Einstieg in jede Geschichtsstunde ritualisiert werden.
Nach jeder Unterrichtsstunde oder thematischen Einheit überlegen die Schüler gemeinsam, welche wichtigen Inhalte (Ereignisse, Personen, Daten usw.) sie im Hinblick auf ein breites Geschichtswissens im Gedächtnis verankern sollten. Die Inhalte werden gesammelt und schließlich als Fragen formuliert. Die Fragen werden dann mitsamt der jeweils richtigen Antwort auf Karteikarten geschrieben. Auf diese Weise entsteht im Laufe der Zeit eine Fragensammlung zu unterschiedlichen Themen und Zeiträumen, die die Schüler bereits im Unterricht behandelt haben (Grundwissenskatalog). Zu Beginn jeder Unterrichtsstunde wird ein Schüler bestimmt, dem fünf dieser Fragen gestellt werden. Kann er die fünf Fragen richtig beantworten, wird er der Geschichtskönig der Klasse. Er behält den Titel so lange, bis ein anderer Schüler fünf Fragen richtig beantwortet hat. Die Karten werden dabei bunt gemischt und wiederholen sich im Laufe der Zeit, sodass die Schüler auch länger zurückliegende Themen immer wieder auffrischen.
Für Profis: Der nächste Schüler, der um den Thron kämpft, muss immer eine Frage mehr richtig beantworten als der amtierende Geschichtskönig, um den Titel zu übernehmen.

1.20 Vier Begriffe – einer falsch

Kl. 7–1

vorbereitete Begriffe (jeweils vier Begriffe, ein Begriff passt nicht in die Reihe)

15 Minuten

Es werden zwei Schüler ausgewählt, die gegeneinander antreten. Die beiden Schüler stellen sich jeweils hinter einen der beiden Tafelflügel, sodass sie nicht sehen können, was der Gegner jeweils notiert. Der Lehrer nennt nun laut und deutlich vier Begriffe, z. B. „König, Großherzog, Pfalzgraf, Bischof". Die beiden Schüler müssen nun aus den vier vorgegebenen Begriffen den Begriff auswählen, der inhaltlich nicht zu den anderen drei Begriffen passt. Sie schreiben ihre Lösung an die Tafel (hier „Bischof"). Anschließend werden die Tafelseiten zur Mitte geklappt und die Ergebnisse verglichen. Der Schüler, der den richtigen Begriff notiert hat, erhält einen Punkt. Dann liest der Lehrer die nächsten vier Begriffe vor usw. Der Rest der Klasse kann den jeweils gesuchten Begriff auf einen Zettel schreiben und anschließend die Lösung abgleichen.

1.21 Flaschendrehen

Kl. 5–

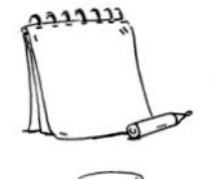

vorbereitete Fragen, leere Flasche

10 Minuten

Die Schüler bilden einen Stuhlkreis, sie setzen sich jeweils vor ihrem Stuhl auf den Boden. In der Kreismitte liegt eine leere Flasche. Der Lehrer dreht die Flasche und stellt gleichzeitig eine Frage, z. B. „Wann fand der Sturm auf die Bastille statt?". Stoppt die Flasche, muss der Schüler, auf den die Flasche zeigt, die Frage beantworten. Ist seine Antwort richtig, darf er die nächste Frage formulieren, die Flasche drehen und sich dann auf seinen Stuhl setzen. Ist seine Antwort falsch, wird die vorige Frage wiederholt und die Falsche erneut gedreht. Dies geschieht so oft, bis ein Schüler die richtige Antwort gibt. Das Spiel ist beendet, wenn alle Schüler auf ihren Stühlen sitzen.

2.1 Zeitstrahl vervollständigen Kl. 7–10

vorbereitete Karten mit zentralen Begriffen / Ereignissen (in doppelter Ausführung), Stoppuhr, Tafelmagnete, Stoppuhr

20 Minuten

Der Lehrer zeichnet an die beiden Außenseiten der Tafelflügel jeweils einen Zeitstrahl, der einen auf das Thema bezogenen Zeitraum darstellt. Je nach Schwierigkeitsgrad werden nur grobe Zeiträume markiert (z. B. Jahrzehnte) oder aber genaue Jahreszahlen vorgegeben. Auf jeder Seite der Tafel liegen verdeckt die Karten für den Zeitstrahl bereit.
Es werden zwei Teams gebildet (Gruppengröße je nach Anzahl der zur Verfügung stehenden Karten). Die Gruppenmitglieder stellen sich jeweils an einer Seite der Tafel hintereinander auf und drehen ihren Tafelflügel so, dass das gegnerische Team den Zeitstrahl nicht sehen kann. Der Lehrer leitet das Spiel von der Tafelmitte aus.
Nun zieht jeweils der erste Schüler der beiden Teams eine Karte, die dann innerhalb der vorgegebenen Zeit (ca. 10 Sekunden) im Zeitstrahl platziert werden muss. Hat der Schüler die Karte befestigt, stellt er sich bei seinem Team hinten an. Anschließend ist der nächste Schüler an der Reihe. Er kann nun wählen, ob er eine weitere Karte zieht und diese am Zeitstrahl anbringt oder ob er die Karte seines Vorgängers im Zeitstrahl korrigiert. Das Spiel wird auf diese Weise fortgesetzt, bis alle Schüler der beiden Teams einmal an der Reihe waren. Ist der Zeitstrahl zu diesem Zeitpunkt noch nicht komplett oder möchte eines der Teams noch Korrekturen vornehmen, beginnt wieder der erste Schüler. Mit jedem Schüler, der ein weiteres Mal an der Reihe ist, erhält das Team jedoch einen Strafpunkt. Zum Schluss werden die beiden Tafelhälften zugeklappt und die Ergebnisse verglichen. Für jede falsche Zuordnung erhält das Team einen Strafpunkt. Die Strafpunkte werden zusammengezählt, gewonnen hat das Team, das weniger Strafpunkte gesammelt hat.

2.2 Boccia-Spiel

Plakat (mit einem historischen Ereignis beschriftet),
Karten (mit historischen Ereignissen beschriftet), Tafelmagnete

15 Minuten

In der Mitte des Klassenzimmers wird ein Plakat, das mit einem historischen (Ziel-) Ereignis beschriftet ist (z. B. „28.07.1914 – Ausbruch des Ersten Weltkrieges"), ausgelegt. An der Tafel werden Karten befestigt, die verschiedene Ereignisse enthalten, die zeitlich vor oder nach diesem zentralen Ereignis geschehen sind. Vor und hinter dem ausgelegten Plakat werden in gerader Linie so viele Stühle angeordnet, wie Ereigniskarten an der Tafel sind. Die Aufgabe der Schüler ist es, die zeitliche Distanz der einzelnen Ereignisse zu dem Zielereignis (Plakat) einzuschätzen und sich dann auf den entsprechenden Stuhl vor oder hinter dem Plakat zu setzen. Hierzu nimmt der erste Schüler eine Karte, er nennt das Ereignis (z. B. „Attentat von Sarajewo") und setzt sich mit seiner Karte auf den von ihm ausgewählten Stuhl. Anschließend zieht der nächste Schüler eine Karte (z. B. „Kriegseintritt der USA") usw. Bei der Wahl des Sitzplatzes müssen die Schüler berücksichtigen, welche anderen Ereignisse noch eingeordnet werden müssen (anhand der Karten an der Tafel). Muss ein Schüler aufrutschen oder seinen Stuhl verlassen, weil er sein Ereignis falsch eingeordnet hat, scheidet er aus und legt seine Karte auf den „richtigen" Stuhl. Gewonnen haben die Schüler, die bis zum Ende auf ihrem Stuhl sitzen bleiben konnten.

2.3 A-B-C-Spiel Kl. 5–7

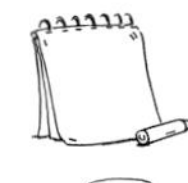

vorbereitete Fragen mit drei Antwortmöglichkeiten, Karton mit Murmeln o. Ä., Stoppuhr

15 Minuten

Der Lehrer schreibt die Buchstaben A, B und C mit ausreichend Abstand gut lesbar an die Tafel. Am Pult steht ein Karton mit Murmeln bereit. Die Schüler bilden Kleingruppen, jede Gruppe wählt einen Schüler aus, der die erste Runde spielt. Der Lehrer stellt eine Frage und gibt drei Antwortmöglichkeiten (A, B, C) vor. Die von den Gruppen jeweils ausgewählten Schüler haben nun fünf Sekunden Zeit, sich für eine Antwort zu entscheiden und sich vor den entsprechenden Buchstaben an der Tafel zu stellen. Wichtig ist, dass dabei nicht gesprochen wird. Anschließend nennt der Lehrer die richtige Antwort. Die Schüler, die vor dem richtigen Buchstaben stehen, nehmen sich eine Murmel. Nun werden die Spieler der nächsten Runde bestimmt. Das Spiel endet, wenn jeder Schüler einmal an der Reihe war. Gewonnen hat die Gruppe mit den meisten Murmeln.

2.4 Zugfahrt in die Geschichte Kl. 5–8

Folie mit einem vorbereiteten Zeitstrahl (historische Ereignisse / Zeiträume mit Jahreszahlen)

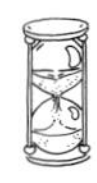

15 Minuten

Der Lehrer präsentiert den Schülern einen vereinfachten Zeitstrahl. Jedes Ereignis bzw. jeder Zeitraum symbolisiert dabei einen Bahnhof, der Zeitstrahl selbst steht für die Bahnlinie. Haben sich die Schüler den Zeitstrahl eingeprägt, wird dieser abgedeckt. Der Lehrer stellt nun Fragen, wie z. B. „Welche Bahnhöfe liegen auf dem Weg vom Ausbruch des Ersten Weltkrieges bis zu dessen Ende?“. Die Schüler versuchen nun, die einzelnen Ereignisse in der richtigen Reihenfolge zu nennen. Wird eine Station ausgelassen oder falsch genannt, können sich die Schüler gegenseitig korrigieren. Die Folie wird Stück für Stück wieder aufgedeckt. Im weiteren Verlauf des Unterrichts kann der Zeitstrahl dann um neu erlernte Ereignisse ergänzt werden.

2.5 Zeitstrahl hüpfen

Schulhof, Kreide

15 Minuten

Dieses Spiel dient vor allem der Festigung des Zeitverständnisses.
Der Lehrer malt auf dem Schulhof mit Kreide einen Zeitstrahl auf. Vom Jahr 0 aus werden in beide Richtungen 100er-Schritte markiert (Abstand etwa 50 cm). Der Zeitstrahl sollte, je nach Platzangebot, bis ins Jahr 12 000 zurückreichen und im Jahr 2000 bzw. kurz danach enden. Links und rechts des Jahres 0 werden die Begriffe „vor Christus" bzw. „nach Christus" geschrieben. Es spielen jeweils zwei Schüler gegeneinander. Beide Schüler stellen sich auf das Jahr 0. Nun ruft der Lehrer nacheinander unterschiedliche Jahreszahlen bzw. Angaben, z. B. „1000 vor Christus", „heute", „300 nach Christus", „500 Jahre früher", „600 Jahre später". Die beiden Schüler versuchen, die jeweils vorgegebene Jahreszahl möglichst schnell zu erreichen. Wer die richtige Markierung auf dem Zeitstrahl als Erster erreicht hat, erhält einen Punkt. Es werden fünf Durchgänge gespielt. Der Schüler, der mehr Punkte erspielt hat, hat gewonnen. Anschließend ist das nächste Schülerpaar an der Reihe.
Tipp: Zur Verdeutlichung der gigantischen Zeitabschnitte kann der Lehrer zwischendurch auch Angaben wie „2,5 Mio. vor Christus" (Beginn der Altsteinzeit) oder „30 000 vor Christus" (Aussterben des Neandertalers) einbauen. Je nach Platzangebot sollten die Schüler versuchen, auch diesen Zeitpunkt deutlich zu machen.

3.1 Lauftext

Kl. 5/6

Text, vorbereitete Frage/Antwort-Karten zu dem Text

15 Minuten (Textarbeit), 10 Minuten (Austausch)

Die Schüler bearbeiten zunächst einen Text in Einzelarbeit (z. B. mithilfe der Fünf-Schritt-Lesetechnik). Anschließend erhält jeder Schüler eine Karte, die auf der Vorderseite eine Frage zu dem zuvor gelesenen Text und auf der Rückseite die Antwort enthält. Die Schüler bewegen sich nun frei im Klassenzimmer. Treffen sie auf einen Mitschüler, stellen sich die Schüler gegenseitig ihre Fragen. Ist die Antwort des Mitschülers falsch oder unvollständig, korrigiert der fragende Schüler die Antwort. Wurden beide Fragen korrekt beantwortet, tauschen die Mitschüler die Karten und suchen sich einen neuen Partner.

3.2 Bewegte Textarbeit

Kl. 5/6

Text (z. B. aus dem Schulbuch)

10 Minuten

Ein Schüler liest einen Text vor. Immer wenn ein zuvor bestimmter Begriff genannt wird, müssen die Mitschüler eine zuvor vereinbarte Bewegung ausführen, z. B. aufstehen, klatschen, ein Körperteil anspannen. Dies kann auch auf mehrere Begriffe mit unterschiedlichen Bewegungen ausgeweitet werden.

3.3 Rot oder grün?

Kl. 5–7

rote und grüne Karten (in Klassenstärke), Text, vorbereitete Aussagen (zu dem Text), ggf. Augenbinden (Tücher)

10 Minuten

Die Schüler beschäftigen sich zunächst intensiv mit einem Text. Anschließend bekommt jeder Schüler eine rote und eine grüne Karte. Der Lehrer nennt eine Aussage, die sich auf den zuvor bearbeiteten Text bezieht. Die Schüler müssen nun entscheiden, ob die Aussage richtig oder falsch ist. Hierzu hält jeder Schüler die seiner Meinung nach richtige Karte (rot = Aussage falsch, grün = Aussage richtig) hoch. Wird eine Aussage von einigen Schülern als richtig, von anderen wiederum als falsch bezeichnet, sollte die richtige Antwort im Plenum thematisiert und begründet werden.
Alternativ kann das Spiel auch als Wettbewerb gestaltet werden. Hierzu werden einzelne Schüler ausgewählt, die gegeneinander antreten. Die Spieler nehmen vor der Klasse Platz, jeder Spieler hält in der linken Hand eine rote und in der rechten Hand eine grüne Karte. Anschließend werden ihnen die Augen verbunden. Der Lehrer nennt nun die erste Aussage, die Spieler halten die ihrer Meinung nach richtige Karte hoch. Gewonnen hat der Spieler, der die meisten Aussagen richtig bewertet hat.

3.4 Text-Kreuzworträtsel

Kl. 5–8

Text, aufgezeichnetes Gitternetz an der Tafel oder Folie mit einem Gitternetz

10 Minuten

Die Schüler bearbeiten zunächst einen Text in Einzelarbeit. Anschließend schreibt der Lehrer ein zentrales und möglichst langes Wort aus dem Text senkrecht oder waagerecht in das Gitternetz. Die Schüler sollen nun weitere zentrale Wörter aus dem Text waagerecht, senkrecht oder diagonal in das Gitternetz einordnen. Dabei muss stets mindestens ein Buchstabe aus einem bereits vorhandenen Wort verwendet werden.

.5 Richtig oder falsch?

Kl. 5–8

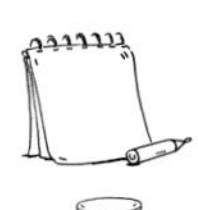

Text, vorbereitete Aussagen (zu dem Text), 2 Stühle, Tafel

10 Minuten

Die Schüler beschäftigen sich zunächst intensiv mit einem Text. Anschließend sollen sie Aussagen, die sich auf den Text beziehen, als richtig oder falsch identifizieren. Der Lehrer schreibt die Begriffe „richtig" und „falsch" an die Tafel. Unter die beiden Begriffe wird jeweils ein Stuhl gestellt. Die Schüler bilden Zweiergruppen, die Partner sitzen jeweils nebeneinander an einem Tisch. Jedes Paar erhält eine Nummer, die auf ein Blatt Papier geschrieben wird. Die Nummer wird gut sichtbar auf dem Tisch aufgestellt. Der Lehrer nennt nun eine Aussage und anschließend die Tischnummer der beiden Schüler, die nun gegeneinander antreten, z. B. „Tisch 5". Die beiden Schüler versuchen nun, möglichst schnell den ihrer Meinung nach passenden Stuhl zu erreichen. Wer als Erster den richtigen Stuhl erreicht, erhält einen Punkt. Setzt sich ein Schüler auf den falschen Stuhl, geht der Punkt an den Mitschüler.

.6 Lesekette

Kl. 5–7

Text

10 Minuten

Alle Schüler stehen jeweils neben ihrem Stuhl und halten ihren Text in der Hand. Ein Schüler beginnt und liest den Text bis zu einer beliebigen Stelle. Dann benennt er zügig einen Mitschüler, der nun von dieser Stelle ab weiterlesen muss. Der erste Schüler darf sich setzen. Der Mitschüler liest ein weiteres Stück des Textes, bricht an einer beliebigen Stelle ab und benennt den nächsten Leser usw. Es können immer nur die Schüler ausgewählt werden, die noch stehen. Hat ein Schüler nicht aufgepasst und kann somit nicht sofort weiterlesen, wenn er aufgefordert wird, muss er stehen bleiben und kann jederzeit erneut aufgefordert werden.

3.7 Lückenfüller

Gegenstand (z. B. Federmäppchen), Text

15 Minuten

Die Schüler beschäftigen sich zunächst intensiv mit einem Text. Anschließend treten jeweils zwei Schüler gegeneinander an. Die beiden Schüler sitzen sich an einem Tisch gegenüber. In der Mitte des Tisches befindet sich ein Gegenstand, z. B. ein Federmäppchen. Der Lehrer liest nun einen Satz des zuvor bearbeiteten Textes vor. Dabei lässt er ein zentrales Wort aus, das er durch ein „Piep" ersetzt. Sobald einer der beiden Schüler weiß, welches Wort ausgelassen wurde, greift er nach dem Gegenstand. Der Schüler, der den Gegenstand zu fassen bekommt, muss nun den gesamten Satz inklusive des fehlenden Wortes wiedergeben. Ist der Satz richtig, erhält er einen Punkt. Ist der Satz falsch, geht der Punkt an den gegnerischen Schüler. Greift ein Schüler bereits nach dem Gegenstand, bevor der Satz vollständig vorgelesen wurde, stoppt der Lehrer augenblicklich und liest nicht weiter. Der Schüler, der den Gegenstand genommen hat, muss nun den kompletten Satz samt fehlendem Wort nennen, obwohl der Satz nicht vollständig vorgelesen wurde. Vielleicht hat sich der Schüler den Satz bereits während der Arbeitsphase eingeprägt, vielleicht hat er aber auch einfach nur vorschnell gegriffen und der Gegner erhält den Punkt.

4.1 Ich packe meinen Geschichtskoffer

Kl. 5–7

15 Minuten

In Anlehnung an das Gedächtnisspiel „Ich packe meinen Koffer“ sammeln die Schüler Begriffe zu einem bestimmten Thema / einer Unterrichtsreihe. Der erste Schüler nennt einen Begriff, den er mit dem Thema verbindet und als wichtig erachtet. Der nächste Schüler wiederholt den Begriff des Vorgängers und fügt einen neuen hinzu usw. Vergisst ein Schüler einen der genannten Begriffe oder nennt er die Begriffe in der falschen Reihenfolge, scheidet er aus.
Alternativ kann die Klasse in zwei Gruppen geteilt werden, die gegeneinander spielen und abwechselnd Begriffe hinzufügen.

4.2 Lebendiges Memory®

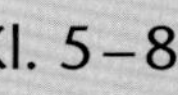

Kl. 5–8

vorbereitete Memory®-Blätter mit Begriffs- oder Bildpaaren (unterschiedliche Kombinationsmöglichkeiten: Begriff – Begriff, Begriff – Bild, Bild – Bild), ggf. Stoppuhr

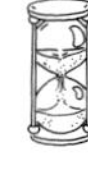

15 Minuten

10 bis 20 Schüler erhalten jeweils ein Memory®-Blatt. Die Schüler stellen sich nebeneinander auf und halten ihr Blatt hinter dem Rücken. Die übrigen Schüler werden in zwei Teams geteilt, die beiden Teams spielen gegeneinander. Jedes Team benennt einen Sprecher. Der Sprecher von Team 1 bittet zunächst einen beliebig ausgewählten Schüler der Reihe, sein Blatt zu zeigen. Dann wählt er einen zweiten Schüler aus. Passen die gezeigten Blätter inhaltlich zusammen, darf das Team weiterspielen. Die ausgewählten Schüler verlassen dann die Reihe und schließen sich Team 1 an. Passen die gezeigten Blätter nicht zusammen, verbergen die beiden Schüler ihre Blätter wieder hinter ihrem Rücken und Team 2 ist an der Reihe. Der Teamsprecher hat jeweils die Möglichkeit, sich kurz mit seinem Team zu beraten (max. zehn Sekunden), bevor er den zweiten Schüler der Reihe auswählt. Gewonnen hat das Team, das am Ende mehr Mitglieder hat.

4.3 Zeitreise

Kl. 5–7

vorbereitete Impulskarten (pro Schüler ein anderer Impuls)

15 Minuten

Die Schüler erzählen gemeinsam anhand vorgegebener Impulse eine Geschichte zu einem bestimmten Thema, z. B. „Besuch auf einem mittelalterlichen Markt". Jeder Schüler erhält eine vorbereitete Impulskarte (z. B. „Geschrei", „Junge stiehlt", „Aderlass", „Handwerker", „Gedränge" usw.). Der Lehrer beginnt mit der Geschichte, er gibt den Rahmen (Ort und Zeit) der Geschichte vor. Dann gibt er an den ersten Schüler ab. Dieser setzt die Geschichte fort, indem er versucht, seinen auf der Impulskarte vorgegebenen Begriff sinnvoll in die Geschichte einzubauen. Dann gibt er an den nächsten Schüler ab. Wird die Reihenfolge der Schüler im Vorfeld festgelegt, kann der Lehrer die Impulskarten entsprechend verteilen und somit die Geschichte lenken. Bei geübten Klassen kann die Geschichte ohne festgelegte Reihenfolge der Impulskarten erzählt werden.

4.4 Merken und aufzählen

Kl. 5–1

historisches Bild auf Folie, Augenbinden (Tücher)

10 Minuten

Der Lehrer präsentiert den Schülern ein historisches Bild (Folie). Die Schüler haben ca. drei Minuten Zeit, um das Bild zu betrachten. Sie müssen sich dabei möglichst viele Details einprägen. Nach Ablauf der Zeit wird das Bild abgedeckt und es werden zwei bis vier Schüler ausgewählt, die gegeneinander antreten. Die Schüler nehmen vor der Klasse Platz, ihnen werden die Augen verbunden. Die Schüler nennen nun der Reihe nach jeweils einen Bildgegenstand, an den sie sich erinnern, der Lehrer notiert die genannten Gegenstände an der Tafel. Die Mitschüler kontrollieren anhand des Bildes. Wird ein Gegenstand doppelt genannt oder kann sich der Schüler an keinen weiteren Gegenstand erinnern, scheidet er aus. Gewonnen hat der Schüler, der als letzter übrig ist und sich somit an die meisten Details erinnern konnte.

4.5 Was du zum Thema XY wissen solltest

vorbereitete Begriffskarten (Oberbegriff und Unterpunkte), Plakat (DIN A2 oder DIN A1) in breitere Streifen geschnitten, Tafelmagnete

15 Minuten

Zum Abschluss eines Themas oder einer Unterrichtsreihe bietet es sich an, die wichtigsten Inhalte noch einmal zusammenzutragen, mit dem Ziel, sie nachhaltig im Gedächtnis der Schüler zu verankern.
Der Lehrer schreibt hierzu einen Oberbegriff (z. B. Ereignis, Person, Fachbegriff) an die Außenseite einer Seitentafel. Unter diesem Begriff listet er in Stichpunkten die Informationen auf, die sich die Schüler im Zusammenhang mit dem Oberbegriff gemerkt haben sollten bzw. die die Schüler als Grundwissen verankern sollten. Die einzelnen Stichpunkte können auch gewichtet werden (der wichtigste Stichpunkt steht oben). Anschließend werden die Unterpunkte abgedeckt und die Seitentafel wird zur Klasse umgeklappt. Die Klasse wird in zwei Gruppen geteilt, jede Gruppe wählt einen Sprecher. Gruppe 1 beginnt. Der Lehrer stellt der ersten Gruppe die Frage: „Was solltet ihr zum Thema … wissen?" Die Gruppe berät sich kurz und nennt dann ihre Antwort. Ist die Antwort richtig, wird der entsprechende Unterpunkt aufgedeckt und die Gruppe darf einen weiteren Unterpunkt nennen. Ist die Antwort falsch, ist die gegnerische Gruppe an der Reihe. Für jeden richtig genannten Unterpunkt erhält die Gruppe einen Punkt. Wurden die Unterpunkte gewichtet, zählt der wichtigste Unterpunkt am meisten. Gewonnen hat die Gruppe, die am meisten Punkte erspielt hat.

4.6 Orgel-Spiel

 vorbereitete Ereigniskarten (ggf. mehrmals), Seile

 5–10 Minuten

Dieses Spiel eignet sich, um im Anschluss an eine Erarbeitungsphase die zeitlichen Abläufe eines historischen Ereignisses zu festigen.
Der Lehrer verteilt die vorbereiteten Ereigniskarten, die unterschiedliche Informationen zu einem historischen Ereignis enthalten (z. B. Thema „Reformation": „Thesenanschlag", „Wormser Edikt", „Bauernkriege" usw.), an einzelne Schüler. Die Schüler stellen sich nebeneinander auf (= Pfeifen einer Orgel). Jeder Schüler bekommt ein Seil, das er an einem Ende festhält. Die anderen Seilenden werden über einen Tisch gehängt, der mit etwas Abstand parallel zu den Schülern aufgestellt wird. Aus den übrigen Schülern wird ein Schüler ausgewählt, der den Organisten spielt. Er stellt sich vor den Tisch mit den Seilenden. Seine Aufgabe ist es, die Orgelpfeifen in der richtigen Reihenfolge erklingen zu lassen. Zunächst aber muss er herausfinden, was auf den einzelnen Ereigniskarten steht. Hierzu zieht er nacheinander an den einzelnen Seilen, die Schüler nennen jeweils das Ereignis, das auf ihrer Karte steht. Nun muss sich der Organist merken, welcher Schüler welche Karte hat und in welcher Reihenfolge er an den Seilen ziehen muss, damit die einzelnen Ereignisse sinnvoll bzw. chronologisch richtig zusammengesetzt werden. Dabei kann er jede Orgelpfeife beliebig oft ertönen lassen. Das Spiel ist beendet, wenn alle Ereignisse einmal in der richtigen Reihenfolge genannt wurden.
Tipp: Es können auch mehrere Gruppen gebildet werden, die dann gegeneinander antreten. Welcher Organist hat als erster die richtige Reihenfolge gespielt?

.1 Buchstabenkette

Kl. 5–8

Buchstaben (DIN-A4-Blätter, jeweils mit einem großen Buchstaben bedruckt), vorbereitete Fragen samt Lösungswort (ggf. mehrmals)

15 Minuten

Jeder Schüler erhält einen Buchstaben, den er gut sichtbar vor seinen Körper hält. Die Auswahl der Buchstaben richtet sich nach den Lösungswörten, d. h. bestimmte Buchstaben müssen ggf. mehrfach besetzt werden. Der Lehrer stellt nun die erste Frage. Die Schüler beantworten die Frage, indem sie das Lösungswort „zusammenbauen“, d. h. die Schüler ordnen sich so an, dass sich das Lösungswort ergibt.
Das Spiel kann mit der gesamten Klasse oder in Gruppen durchgeführt werden.

.2 Wer steht wo im Volk?

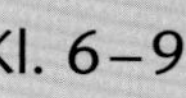

Kl. 6–9

5 Minuten

Dieses Spiel bietet sich im Anschluss an die Erarbeitung verschiedener Gesellschaftsgruppen (z. B. der Ägypter) und ihrer Stellung / ihrem Rang innerhalb der Gesellschaft an.
Der Lehrer nennt nacheinander verschiedene Gesellschaftsgruppen, die Schüler symbolisieren deren Stellung jeweils, indem sie eine passende Körperhaltung einnehmen. Die Schüler verharren jeweils kurz in ihrer gewählten Körperhaltung, bis der Lehrer eine neue Gesellschaftsgruppe nennt.
Beispiel: Die Ägypter

- *Niedere Gesellschaftsgruppen (Sklaven, Arbeiter, Bauern): auf dem Boden liegen / sitzen, in die Hocke gehen usw.*
- *Ranghohe und angesehene Gesellschaftsgruppen (Pharao, Wesir, Hohe Beamte usw.): in die Höhe recken, auf Zehenspitzen stehen usw.*

5.3 Lebende Diagramme

Kl. 5–9

 evtl. vergrößerte Diagrammbeschriftungen

 10 Minuten

Um den Schülern ein abstraktes Diagramm verständlich zu machen und die Aussage des Diagramms zu verdeutlichen, kann ein Diagramm auch durch die Schüler selbst dargestellt werden.
Zur Darstellung eines Säulendiagramms stellen sich Schüler unterschiedlicher Größe nebeneinander, sie verkörpern jeweils eine Säule des Diagramms. Halten die Schüler eine Schnur entlang ihrer Köpfe, kann auf diese Weise ein Kurvendiagramm dargestellt werden. Auch Bevölkerungs- oder Ständepyramiden lassen sich so darstellen. So steht z. B. der Schüler, der den König symbolisiert, erhöht (z. B. auf einem Tisch), unter ihm stehen einige Adelige und Kleriker (z. B. auf Stühlen), das Bürgertum (stehend) und schließlich das Proletariat (im Schneidersitz), das von der größten Schülergruppe dargestellt wird. Verbleiben die Schüler einen Moment in ihrer Position, kann thematisiert werden, wie sich die jeweilige Position bezogen auf die Stellung in der Gesellschaft „anfühlt".

5.4 Auf und ab

Kl. 5/

 vorbereitete Aussagen

 5 Minuten

Im Anschluss an eine Arbeitsphase oder zum Abschluss eines Themas / einer Unterrichtsreihe formuliert der Lehrer kurze Aussagen, die entweder richtig oder falsch sind. Ist die Aussage richtig, stehen die Schüler auf, ist sie falsch, bleiben die Schüler sitzen. Bleibt ein Schüler sitzen, obwohl die Aussage richtig war, oder steht er auf, obwohl die Aussage falsch war, scheidet er aus. Gewonnen hat der Schüler oder die Schülergruppe, der / die am Ende übrig bleibt und somit alle Aussagen richtig bewertet hat.

.5 Bewegte Mindmap

Kl. 5–7

Schulhof, Kreide, vorbereitete Begriffskarten für die Mindmap

10 Minuten

Der Lehrer verteilt Karten mit Begriffen, die sich alle auf das Thema der zu gestaltenden Mindmap beziehen, an die Schüler. Das Thema der Mindmap wird im Schulhof auf den Boden geschrieben. Aufgabe der Schüler ist es nun, sich so um das Thema anzuordnen, dass die Zusammenhänge zwischen den Begriffen deutlich werden. Hierzu tauschen sich die Schüler zunächst untereinander aus und versuchen, eine Gewichtung und Ordnung der einzelnen Begriffe vorzunehmen. Dann stellen sich die Schüler, deren Begriffe in einem direkten Zusammenhang mit dem Hauptthema stehen, um das Hauptthema auf und berühren dieses mit einem Fuß. Anschließend gruppieren sich die Schüler, die noch übrig sind, jeweils um einen Schüler, der sich um das Hauptthema aufgestellt hat und dessen Begriff inhaltlich zu ihrem eigenen passt, und geben ihm die Hand. Nun können noch Verbindungen zwischen Begriffen, die auf gleicher Ebene sind, dargestellt werden. Hierzu reichen sich die entsprechenden Schüler ihre noch freie Hand. Wird die Mindmap fotografiert (z. B. aus dem Fenster im ersten Stock), können die Schüler am Ende die gesamte Mindmap betrachten.

.6 Magnetspiel

Kl. 5/6

Zettel mit Begriffen

10 Minuten

Der Lehrer schreibt einzelne Begriffe auf Zettel und zerschneidet anschließend die Begriffe in einzelne Wortbestandteile oder Silben (z. B. Reise – königtum, Karl – der Große, Fron – hof). Jeder Schüler zieht einen Zettel, dann bewegen sich die Schüler frei im Raum. Auf ein Zeichen des Lehrers bilden die Schüler Paare und nennen sich gegenseitig ihren Begriffsteil. Ergeben beide Wortbestandteile einen sinnvollen Begriff, dürfen sich die Schüler an den Rand setzen. Ergeben die Wortbestandteile keinen sinnvollen Begriff, wandern die Schüler wieder frei im Raum umher, bis der Lehrer erneut ein Zeichen gibt. Das Spiel ist beendet, wenn alle Schüler ihren Begriffspartner gefunden haben.

5.7 Eingefroren

Kl. 7–1

10 Minuten

Es werden zwei Schüler ausgewählt, die einen vorgegebenen Begriff in Form eines Standbildes darstellen sollen. Die beiden Schüler fungieren dabei als Bildhauer, d. h. sie formen das Standbild aus ihren Mitschülern. Die beiden Bildhauer haben drei Minuten Zeit, um sich auszutauschen, wie das Standbild aussehen soll und mit welchen Mitschülern sie es bauen wollen. Dann bitten sie die entsprechenden Mitschüler nach vorne und bringen diese, ohne mit ihnen zu sprechen, in die gewünschte Position. Neben der Körperhaltung sind vor allem Mimik und Gestik wichtig, damit das fertige Standbild die entsprechende Wirkung erzielt. Ist das Standbild fertig, verharren die geformten Schüler in ihrer Position. Der Rest der Klasse muss nun erraten, welcher Begriff mit dem Standbild dargestellt werden soll. Wer den richtigen Begriff als Erster nennt, darf sich einen Partner aussuchen und ein neues Standbild formen.

5.8 Volksmischung

Kl. 5–

Stühle

10 Minuten

Die Schüler bilden einen Stuhlkreis, der einen Stuhl weniger enthält als Schüler. Ein Schüler steht in der Mitte des Kreises. Die Schüler im Stuhlkreis werden verschiedenen Bevölkerungsgruppen zugeordnet, z. B. „Klerus“, „Adel“, „Bürger“, „Bauern“, „Sklaven“, „Handwerker“. Der Schüler in der Mitte des Kreises nennt eine Bevölkerungsgruppe, alle Schüler, die dieser Bevölkerungsgruppe angehören, müssen nun untereinander ihre Plätze tauschen. Der Schüler in der Mitte des Kreises hat nun die Chance, einen Platz im Stuhlkreis zu bekommen. Gelingt ihm dies, gehört er der Bevölkerungsgruppe des Schülers an, dessen Platz er eingenommen hat. Wer am Ende keinen Platz mehr bekommt, stellt sich in die Mitte des Kreises und nennt eine neue Bevölkerungsgruppe. Wird der Begriff „Volksmischung“ genannt, müssen alle Schüler die Plätze tauschen.

5.9 Stufenrennen

Kl. 5–8

vorbereitete Fragen

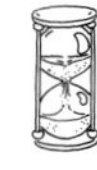
15 Minuten

Das Spiel wird im Treppenhaus der Schule gespielt. Je nach Breite der Treppe stellen sich etwa drei bis sechs Schüler vor die unterste Treppenstufe. Der Lehrer steht am oberen Treppenabsatz und stellt die erste Frage. Weiß ein Schüler die Antwort, meldet er sich. Der Schüler, der sich als erster gemeldet hat, darf seine Antwort nennen. Ist diese richtig, darf er eine Stufe hochsteigen. Ist die Antwort falsch, muss er eine Stufe zurück oder aber die anderen Schüler dürfen eine Stufe hochsteigen. Gewonnen hat, wer als Erster am oberen Ende des Treppenlaufs angekommen ist.

5.10 Mach's nach!

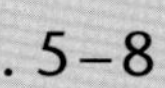
Kl. 5–8

Musik, CD-/MP3-Player

10 Minuten

Die Schüler bewegen sich frei zur Musik durch das Klassenzimmer. Der Lehrer ruft den Schülern einen geschichtlichen Begriff zu, z. B. „Pyramide“, „Gladiator“, „Sturm auf die Bastille“. Sobald die Musik verstummt, versuchen die Schüler, den Begriff in Form eines Standbildes allein durch ihre Körperhaltung darzustellen. Sie verharren in dieser Position, bis die Musik wieder einsetzt. Wer redet, lacht oder sich zu früh wieder bewegt, scheidet aus. Je nachdem, was die Schüler mit dem Begriff verbinden, entstehen auf diese Weise unterschiedliche und z. T. auch lustige Standbilder zu ein und demselben Begriff.

5.11 Wortfeldstaffel

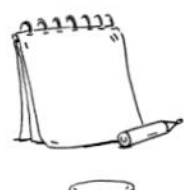
Staffelstab (beliebiger Gegenstand, z. B. Federmäppchen), Stoppuhr

10 Minuten

Dieses Spiel eignet sich sowohl zur abschließenden Vertiefung eines Themas als auch zur Aktivierung von Vorwissen zu Beginn einer Unterrichtseinheit.
Es werden zwei Gruppen von jeweils vier Schülern gebildet. Beide Gruppen sammeln zunächst zu einem vorgegebenen Thema möglichst viele Begriffe. Hierfür haben die Gruppen fünf Minuten Zeit. Anschließend muss Gruppe 2 das Klassenzimmer verlassen. Gruppe 1 beginnt mit der Staffel. Die vier Schüler der Gruppe verteilen sich auf die vier Ecken des Klassenzimmers, ein Schüler erhält den Staffelstab. (Evtl. müssen im Vorfeld Tische und Stühle ein wenig zur Seite geschoben werden, damit die Schüler auf direktem Weg von einer Ecke zur nächsten laufen können.) Auf das Signal des Lehrers läuft der erste Schüler zur nächsten Ecke und nennt bei Erreichen seines Mitschülers einen Begriff des zuvor erarbeiteten Wortfeldes. Gleichzeitig überreicht er seinem Mitschüler den Staffelstab. Schüler 2 läuft nun zur nächsten Ecke, nennt einen weiteren Begriff und übergibt den Staffelstab an den nächsten Schüler. Der den Staffelstab entgegennehmende Schüler darf immer erst dann starten, wenn sein Mitschüler einen Begriff genannt hat – zögert sein Mitschüler, muss er warten. Nennt der den Staffelstab übergebende Schüler einen Begriff, der bereits genannt wurde, muss er noch einmal in seine Ecke zurücklaufen, bevor er erneut zum nächsten Mitschüler laufen und einen anderen Begriff nennen darf. Zwei unbeteiligte Schüler notieren während der Staffel alle genannten Begriffe auf der Außenseite der Seitentafel. Nach einer Minute wird die Zeit gestoppt. Dann wird die Seitentafel umgeklappt und nur die korrekt genannten Begriffe, d. h. die Begriffe, die zu dem Thema passen, werden gezählt. Der Tafelflügel wird wieder ausgeklappt und die zweite Gruppe betritt das Klassenzimmer. Gewonnen hat die Gruppe, die innerhalb einer Minute mehr passende Begriffe genannt hat.

6.1 Was würde der König sagen? — Kl. 7–10

Bildquelle auf Folie

10 Minuten

Der Lehrer präsentiert den Schülern eine Bildquelle (Folie). Die Schüler haben ca. vier Minuten Zeit, um das Bild intensiv zu betrachten. Anschließend fragt der Lehrer die Schüler, was die abgebildete Person (z. B. ein König) in dieser Situation sagen könnte oder welche Gedanken ihr durch den Kopf gehen könnten. Die Schüler nennen ihre Ideen, sie beginnen jeden Satz mit: „Der König würde sagen: …“ Auf diese Weise werden ganz unterschiedliche Interpretationen des Bildes gesammelt.
Tipp: Es können auch Gegenstände oder Gebäude zum Sprechen gebracht werden: Was hat die Burg schon alles erlebt? Was würde die Berliner Mauer sagen, wenn sie sprechen könnte? Was könnte die erste Eisenbahn alles erzählen?

6.2 Zeitfenster — Kl. 5–7

Bildquelle auf Folie

10 Minuten

Der Lehrer präsentiert den Schülern eine Bildquelle (Folie). Die Schüler haben ca. vier Minuten Zeit, um das Bild intensiv zu betrachten. Anschließend sucht sich der erste Schüler ein Detail des Bildes aus und flüstert es dem Lehrer zu. Nun beschreibt der Schüler das gesuchte Bildelement mit den Worten: „Ich sehe etwas, das … ist“. Die Mitschüler müssen nun erraten, welches Detail gemeint ist. Der Schüler, der das gesuchte Bildelement errät, darf das nächste Detail, das von den Mitschülern erraten werden muss, umschreiben.

6.3 Navigationsspiel

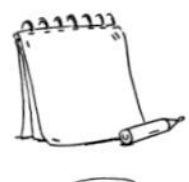

Geschichtskarte (im Schulbuch, im Atlas oder auf Folie), ggf. vorbereitete Wegbeschreibung

15 Minuten

Der Umgang mit Geschichtskarten kann auch auf spielerische Weise trainiert werden.

Die Schüler sehen sich zunächst die Geschichtskarte an. Dann wird ein gemeinsamer Startpunkt ausgemacht und ggf. markiert. Der Lehrer beginnt mit seiner Wegbeschreibung (ggf. imitiert er dabei die mechanische Computerstimme eines Navigationsgeräts). Die Schüler verfolgen die Route auf der Karte, bis der Lehrer schließlich stoppt und die Schüler fragt, in welcher Straße, in welchem Ort, in welchem Land, an welchem Gewässer, an welcher Grenze usw. sie nun sind. Werden unterschiedliche Zielpunkte genannt, muss geklärt werden, wo die Beschreibung von den Schülern falsch verstanden bzw. umgesetzt wurde.

Anschließend können sich einzelne Schüler an einer Wegbeschreibung versuchen.

Tipp: Auch Karten, die eine zeitliche Entwicklung darstellen, können auf diese Weise nachvollzogen werden (z. B. Missionsreisen im Römischen Reich, Reisekönigtum Karls des Großen, Kreuzzüge, Frontverläufe im Ersten und Zweiten Weltkrieg).

6.4 Sprechende Bilder

Kl. 8–10

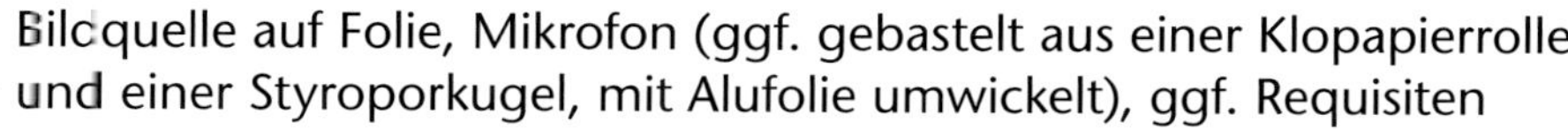

Bildquelle auf Folie, Mikrofon (ggf. gebastelt aus einer Klopapierrolle und einer Styroporkugel, mit Alufolie umwickelt), ggf. Requisiten

20 Minuten

Der Lehrer präsentiert den Schülern eine Bildquelle (Folie). Die Schüler haben ca. fünf Minuten Zeit, um das Bild intensiv zu betrachten und auszuwerten. Nun soll das Bild durch die Schüler nachgestellt und die Stimmung der dargestellten Szene nachempfunden werden. Der Lehrer ruft hierzu nacheinander einzelne Schüler zu sich nach vorne und bittet sie, eine Person des Bildes in ihrer Körperhaltung und Mimik darzustellen. Jeder Schüler verharrt stumm in seiner Position bis das Bild vollständig ist. Die Szene kann ggf. mit verschiedenen Requisiten ausgeschmückt werden. Anschließend reicht der Lehrer dem ersten Schüler ein Mikrofon. Der Schüler darf nun für seine Rolle sprechen. Er äußert z. B. Gedanken oder Gefühle der von ihm dargestellten Person (kann durch Stimmlage, Lautstärke und Betonung zusätzlich verdeutlicht werden). Das Mikrofon wird nun von Schüler zu Schüler weitergegeben, sodass jede dargestellte Person für kurze Zeit lebendig wird und ihre Gedanken und Empfindungen in der dargestellten Szene kundtun kann.

Darüber hinaus können auch Gegenstände, Gebäude, Tiere oder andere Bildbestandteile von den Schülern verkörpert und zum Sprechen gebracht werden. Auf diese Weise können auch Besonderheiten eines Gebäudes oder Gegenstandes oder Stimmungen des Bildes verbalisiert werden.

6.5 Filmwürfel

Kl. 5–9

Filmwürfel (Würfelvorlage mit sechs formulierten Satzanfängen)

15 Minuten (+ ggf. Bastelzeit)

Der Filmwürfel eignet sich zur spielerischen Nachbereitung eines Films. Hierzu werden sechs Satzanfänge formuliert, die auf eine Würfelvorlage geschrieben werden. Es können sowohl die inhaltliche Ebene sowie die Charaktere als auch die Darstellungsformen (z. B. Musik, Kulisse, Kameraführung) des Films analysiert werden. Die Schüler arbeiten in Gruppen, jede Gruppe erhält einen Filmwürfel. Innerhalb der Gruppe wird reihum gewürfelt, die Schüler äußern ihre Eindrücke zum Film, indem sie jeweils den gewürfelten Satz vervollständigen. Die Gruppenarbeit wird nach vorgegebener Zeit aufgelöst. Anschließend werden die Ergebnisse im Plenum (z. B. Blitzlicht) vorgetragen.

Beispiele für Satzanfänge:

- *Verwundert hat mich …*
- *Lustig fand ich …*
- *Überrascht hat mich …*
- *Überhaupt nicht gefallen hat mir …*
- *Am besten gefallen hat mir …*
- *Nicht verstanden habe ich …*

6.6 Rallye durchs Geschichtsbuch

Kl. 5–7

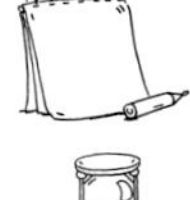

vorbereiteter Fragenkatalog, Geschichtsbuch

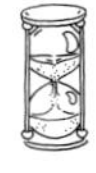

20 Minuten

Mit diesem Spiel entdecken die Schüler ein neues Lehrwerk auf spielerische Weise. Die Schüler gehen paarweise zusammen, jedes Paar bearbeitet den vorbereiteten Fragenkatalog. Das Paar, das als erstes alle Fragen beantwortet hat, ruft „Stopp“. Anschließend werden die Antworten im Plenum kontrolliert. Sind alle Antworten richtig, hat das Paar gewonnen. Sind Antworten falsch, dürfen die anderen Paare ihre Rallye fortsetzen. Hat das nächste Paar alle Fragen beantwortet, ruft es „Stopp“. Usw.

Mögliche Fragen könnten sein:

- *Welchen Zeitraum umfasst die Geschichtskarte auf Seite XY?*
- *Welche Person ist auf dem Gemälde auf Seite XY dargestellt?*
- *Nenne mindestens drei Begriffe aus dem Register, die das Wort „Burg“ beinhalten.*
- *Wann fand der Sturm auf die Bastille statt?*

Computer mit Internetzugang (pro Schüler ein Computer / pro Schülerpaar ein Computer)

30 Minuten

Ein moderner Geschichtsunterricht sollte auch auf neue Medien zurückgreifen. Die Schnitzeljagd durch das Internet eignet sich zur Wissenserweiterung rund um ein Thema. Die Schüler besuchen dabei gezielt gesteuert verschiedene seriöse und altersangemessene Internetseiten und bearbeiten auf diese Seiten zugeschnittene Aufgaben (Einzel- oder Partnerarbeit). Wie bei einer Schnitzeljagd bauen die einzelnen Aufgaben aufeinander auf und müssen folglich der Reihe nach gelöst werden. Als Einstiegsaufgabe empfiehlt sich die Stichwortsuche über eine Suchmaschine für Kinder und Jugendliche (z. B. fragfinn.de, blinde-kuh.de oder helles-koepfchen.de).

Beispiel:

1. *Besuche die Seite www.helles-koepfchen.de. Gib den Suchbegriff „Martin Luther" ein.*
2. *Klicke den zweiten Treffer an. Notiere die Überschrift des Artikels.*
3. *Lies den Abschnitt „Werdegang Martin Luthers".*
   Warum trat Martin Luther in das Kloster in Erfurt ein?
4. *Lies den ersten Satz des Abschnitts „Luthers 95 Thesen". Trage das letzte Wort des Satzes als Suchbegriff ein.*
5. *Klicke den ersten Treffer an. Notiere den Namen der Internetseite, auf die du weitergeleitet wirst.*
6. *Lies den Text und beantworte die folgenden Fragen:*
   – *Was ist ein Ablass?*
   – *Warum förderte Papst Leo den Ablasshandel?*
7. *Klicke links auf den Button „Karte". Welche Religionen waren um 1550 in Deutschland verbreitet?*
8. *Klicke anschließend auf den Button „Memospiel" und spiele eine Runde Memory®.*
   Notiere, wie viele Versuche du gebraucht hast.
9. *Klicke nun rechts oben auf „Motive anschauen". Klicke auf das Bild „Ablassbrief" und notiere, welches Ereignis Martin Luther auslöste.*
10. *Besuche die Seite www.welt-geschichte.de und klicke am unteren Ende der Seite auf den Button „Geschichte von A–Z". Suche nun das Ereignis, dass du in Aufgabe 9 notiert hast.*

7.1 Glücksrad

Zirkel, Schere, Kleber, Pappe, Korkplatte, Bleistift, Buntstifte für die Glücksräder (Anzahl der zu bastelnden Glücksräder je nach Anzahl der Kleingruppen, die schließlich gegeneinander antreten)

45 Minuten (inkl. Bastelzeit)

Die Schüler basteln zunächst ihre Glücksräder:

1. Mit dem Zirkel werden zwei Kreise auf der Pappe vorgezeichnet (Ø etwa 15 cm und 10 cm). Dann werden die Kreise ausgeschnitten.
2. Der größere Kreis wird in 10 bis 16 Felder eingeteilt. Die Schüler schreiben in jedes Feld einen Begriff, den es zu wiederholen gilt, sowie eine Punktzahl (5, 10, 15), je nach Schwierigkeitsgrad des Begriffs. Zwei bis drei Felder werden mit einem Stern gekennzeichnet. Diese Felder gelten als Joker (15 Punkte).
3. Anschließend wird der größere Kreis auf die Korkplatte geklebt. In die Mitte des Kreises wird mit der Zirkelspitze ein kleines Loch gestochen.
4. Nun zeichnen die Schüler auf den kleineren Kreis einen Pfeil, der nach außen zeigt. In die Mitte des Kreises wird mit der Zirkelspitze ein Loch gebohrt, in das ein Bleistift passt. (Achtung: Das Loch darf nicht zu groß sein, denn der Stift muss fest sitzen.)
5. Abschließend wird mit der Bleistiftspitze in das kleine Loch der Korkplatte gestochen und der Bleistift vorsichtig gedreht.

Die Schüler spielen in Kleingruppen. Die Schüler drehen der Reihe nach das Glücksrad und erklären sich gegenseitig die jeweils „erdrehten" Begriffe. Für jede richtige Erklärung gibt es die entsprechend angegebene Punktzahl. Zeigt das Glücksrad auf einen Joker, erhält der Schüler 15 Punkte, ohne etwas erklären zu müssen. Gewonnen hat derjenige Schüler, der die meisten Punkte erspielt hat.

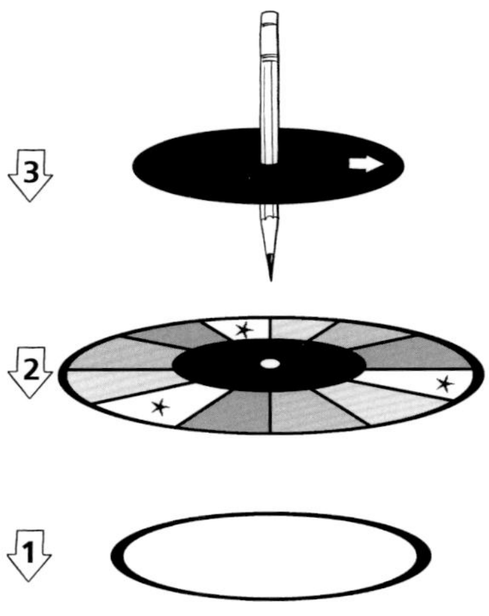

7.2 Nachrichtensprecher

Kl. 5–8

ggf. Karton als Fernseher (ohne Deckel und Boden)

25 Minuten

Zum Abschluss eines Themas / einer Unterrichtsreihe erhalten die Schüler den Auftrag, eine passende Nachrichtenmeldung zu dem behandelten Thema zu verfassen. Der Lehrer fordert die Schüler auf: „Stellt euch vor, es hätte damals schon das Fernsehen gegeben. Was wäre heute wohl in den Nachrichten gekommen?" Die Schüler überlegen sich eine passende Meldung (ggf. in Partnerarbeit). Anschließend tragen einzelne Schüler ihre Nachrichtenmeldung vor. Die Mitschüler bewerten im Anschluss, welche Nachrichtenmeldung ihnen am besten gefallen hat / welche Nachrichtenmeldung am seriösesten war usw.
Die Schüler können auch arbeitsteilig ein ganzes Fernsehprogramm gestalten, das neben den Nachrichten noch Werbespots (z. B. zu typischen Kleidungsstücken der Zeit), kurze Dokumentationen, Reportagen o. ä. enthält.

7.3 Rollenspiel

Kl. 7–10

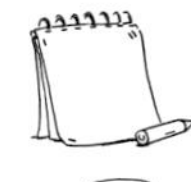

vorbereitete Rollenkarten, ggf. Requisiten, vorbereitete Beobachtungsaufträge

30 Minuten

Die Schüler bereiten zunächst ihre Rolle mithilfe der ausgegebenen Rollenkarten vor, indem sie die wichtigsten Merkmale und Ziele der Rolle stichwortartig zusammenfassen. Die Vorbereitung kann auch in Kleingruppen erfolgen. Hier bereitet jede Gruppe eine Rolle vor und wählt dann einen Schüler aus, der die Rolle im anschließenden Spiel verkörpert. Ist die Klasse mit der Methode noch nicht vertraut, bietet es sich an, die Spielphase durch einen Moderator, der in das Spiel integriert ist, zu lenken. So wird gewährleistet, dass das Ziel des Spiels nicht aus den Augen verloren wird. Die Schüler, die nicht aktiv in das Rollenspiel integriert sind, erhalten unterschiedliche Beobachtungsaufträge, die die Grundlage der Auswertung des Rollenspiels bilden. Zum Schluss erhalten auch die Spieler die Möglichkeit, der Klasse ihre Eindrücke und Erfahrungen, die sie während des Rollenspiels gesammelt haben, mitzuteilen.

7.4 Im Gerichtssaal

Kl. 5–1

vorbereitete Entscheidungsfragen, drei Stühle

10 Minuten

Vor der Tafel stehen drei Stühle, ein Schüler nimmt auf dem mittleren Stuhl Platz (= Richter). Die Klasse wird in zwei Gruppen geteilt (linke Hälfte der Klasse und rechte Hälfte). Der Lehrer stellt den Gruppen eine Entscheidungsfrage und schreibt diese zusätzlich an die Tafel. Die Gruppe auf der linken Seite soll sich, unabhängig von ihrer eigenen Meinung, ablehnende Argumente überlegen, die Gruppe auf der rechten Seite zustimmende Argumente. Die Gruppen tragen abwechselnd ihre gefundenen Argumente vor, der Richter bewertet diese, indem er seinen Platz entsprechend wechselt. Überzeugt ihn ein zustimmendes Argument, wechselt er auf den rechten Stuhl, überzeugt ihn ein ablehnendes Argument, wechselt er auf den linken Stuhl. Zugleich muss er seine Entscheidung jeweils begründen. Es können auch mehrere Schüler nacheinander die Position des Richters übernehmen. Es ist interessant, zu sehen, ob sich alle Schüler gleich entscheiden, und wie sie ihre Entscheidung begründen.

7.5 Geschichte in Reimen

Kl. 7–1

ggf. Karteikarten

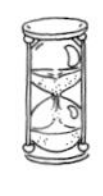

15 Minuten

Kurze, prägnante Reime (z. B. „7-5-3 Rom schlüpft aus dem Ei“) helfen den Schülern, sich bedeutende Ereignisse einzuprägen. Einige gängige Reime sind den Schülern sicherlich schon bekannt. Diese können ggf. als Einstimmung wiederholt werden. Im Anschluss gibt der Lehrer eine Jahreszahl und ein Ereignis / eine Person / einen Ort usw. vor. Die Schüler entwickeln dann in Partnerarbeit einen kurzen, einprägsamen Reim, der beide Vorgaben in Zusammenhang bringt. Arbeiten die Paare arbeitsteilig, können auch mehrere Reime zu unterschiedlichen Vorgaben, z. B. am Ende einer Unterrichtsreihe, entwickelt werden. Anschließend werden die Reime im Plenum präsentiert und bewertet, ggf. kann über den besten Reim abgestimmt werden.

7.6 Puzzlewettbewerb

Kl. 5–7

vorbereitete Puzzles (z. B. Bildquelle, Karte, Zeitstrahl oder Text in einzelne Puzzleteile bzw. Abschnitte zerschnitten)

10 Minuten

Jeder Schüler erhält das gleiche Puzzle (jeweils gleiches Motiv, z. B. Bildquelle, Karte). Die Schüler treten gegeneinander an. Wer sein Puzzle als Erstes gelöst hat, hat gewonnen.
Alternativ kann der Puzzlewettbewerb auch im Team durchgeführt werden. Die Klasse wird hierzu in vier bis acht gleichstarke Gruppen geteilt, jede Gruppe erhält das gleiche Puzzle, jeder Schüler der Gruppe erhält ein Puzzleteil (je nach Gruppengröße auch mehrere). Die Gruppe muss nun gemeinsam das Puzzle zusammensetzen. Gewonnen hat die Gruppe, die sich am besten organisiert und das Puzzle als Erstes fertigstellt.

.7 Historische Spiele spielen

Kl. 5/6

je nach Spiel unterschiedlich

je nach Spiel unterschiedlich

Vor allem jüngere Schüler spielen gerne und sie tauchen gerne in die vergangene Zeit ein. Eine Möglichkeit, beide Aspekte miteinander zu verbinden, ist, die Schüler typische Spiele der jeweiligen Zeit nachspielen zu lassen.
Oft liefert bereits das Schulbuch einige Anregungen, recherchiert man im Internet, stößt man auf vielerlei Spielideen, die meist mit geringem Aufwand umzusetzen sind. Vielleicht entdecken die Schüler sogar Spiele, die auch heutzutage noch gespielt werden oder die als Vorlage für moderne Spiele dienten.
Beispiele für Spiele der Antike: Senet, Orca-Spiel, Delta-Spiel

7.8 Museumsrallye

Kl. 5–1

vorbereitete Fragebögen, Klemmbretter, Stifte

45 Minuten

Eine Museumsrallye bietet den Schülern die Möglichkeit, eine Ausstellung oder ein Museum selbstständig anhand eines vorbereiteten Fragebogens zu erkunden. Viele Museen bieten bereits fertig ausgearbeitete Rallyes an, die vor Ort erworben oder im Vorfeld per Post angefordert werden können. Häufig können die Materialien auch kostenfrei im Internet heruntergeladen werden. Zur optimalen Anknüpfung an den eigenen Unterricht bietet sich aber eine selbst konzipierte Rallye an. Während der Rallye arbeiten die Schüler in Kleingruppen (zwei bis vier Schüler) zusammen, so können sie die Aufgaben besprechen und gemeinsam nach Hinweisen und Antworten suchen. Die Ergebnisse notiert dann jeder Schüler für sich auf seinem Aufgabenblatt. Um Staus an einzelnen Stationen zu vermeiden, können die Gruppen an unterschiedlichen Stationen starten. Anschließend werden die Ergebnisse im Plenum zusammengetragen und ausgewertet.

7.9 Blätterflut

Kl. 5–1

leere Blätter, Stifte

20 Minuten

Die Schüler bilden einen Kreis. Jeder Schüler hat ein leeres Blatt, auf das er eine Idee, gewonnene Einsicht, Frage usw. zu dem zuvor im Unterricht behandelten Thema schreibt. Anschließend wird das Blatt im Uhrzeigersinn an den nächsten Schüler weitergegeben. Dieser liest nun, was sein Mitschüler geschrieben hat, und erweitert, kommentiert oder beantwortet dies. Die Blätter werden solange weitergereicht, bis jeder Schüler wieder sein eigenes Blatt vor sich hat. Dann haben die Schüler Zeit, die Kommentare ihrer Mitschüler zu lesen und zu überdenken. Ein Austausch im Plenum ist ebenfalls möglich.

Jederzeit optimal vorbereitet in den Unterricht?

»